ALPHABET
ET
PREMIER LIVRE
DE LECTURE,

A L'USAGE DES ÉCOLES PRIMAIRES;

APPROUVÉ PAR LE CONSEIL ROYAL
DE L'INSTRUCTION PUBLIQUE.

PUBLIÉ

PAR MM. HACHETTE ET FIRMIN DIDOT.

PARIS,

Chez { L. HACHETTE, RUE PIERRE-SARRAZIN, N° 12.
FIRMIN DIDOT FRÈRES, RUE JACOB, N° 24.

Octobre 1831.

EXPLICATION PRÉLIMINAIRE.

Les phrases se forment de mots, les mots de syllabes, les syllabes de lettres, qui représentent ou des sons ou des articulations.

Toute syllabe est formée de l'une des manières qui suivent :

D'un son simple, *a , e , é , è ,* etc.
D'un son double, *ia , ié , ieu , oi ,* etc.
D'un son composé, *an , un , oux , ant , eau ,* etc.
D'un son simple suivi
  d'une articulation simple, *ab , ed , or ,* etc.
  —   —   double, *act , ert , irt ,* etc.
  —   —   triple, *hartz , hertz , urtz ,* etc.
  —   —   composée, *port , corps , bourg ,* etc.
D'un son simple précédé
  d'une articulation simple, *ba , bu , bi ,* etc.
  —   —   double, *bla , pré , sto ,* etc.
  —   —   triple, *stri , sple , scr ,* etc.
D'un son composé précédé
  d'une articulation simple, *peu , dou , seau ,* etc.
  —   —   double, *bleu , clou , tronc ,* etc.
  —   —   triple, *splen ,* etc.
D'un son double précédé
  d'une articulation simple, *moitié , Dieu ,* etc.
  —   —   double, *truie , Blois , fruit ,* etc.
  —   —   triple, *instruit ,* etc.
D'un son simple, double ou composé, précédé et suivi
d'une articulation simple, double, triple ou composée............ *dul , mis , voir , transport , départ , sort , Hambourg , Strasbourg , fuir , peur , sourd , parc , Worms ,* etc. etc.

De ces observations on a déduit une nouvelle division de l'alphabet ou du syllabaire, telle que la présente l'ouvrage que l'on donne au public.

1ᵉʳ EXERCICE.

SONS SIMPLES OU VOYELLES SIMPLES. 1

A a a   Â â â 2

Ca - na - da.   â - me.

E e e   É é é 3

Ro - me.   é - té.

È è è 4   Ê ê ê

o - xi - gè - ne.   ê - vê - que.

I i i   Y y y

mi - di.   my - ria - mè - tre.

---

1. Un mot placé sous chaque voyelle indique comment cette voyelle doit se prononcer. Il en sera de même pour les articulations, et ensuite pour les syllabes.

2. (ˆ) Accent circonflexe. — 3. (´) Accent aigu.
4. (`) Accent grave.

(4)

O o *o* Ô ô *ó*

do - mi - na.   pô - le.

U u *u* Û û *ú*

ver - tu.   flû - te.

IIe EXERCICE.

ARTICULATIONS OU CONSONNES SIMPLES.

B b *b*   P p *p*

bom — be.   pi — pe.

C c *c*⁽¹⁾ K k *k* Q q *q*

pi — que.

G g *g*⁽²⁾

G — gue.

D d *d*   T t *t*

a - ci - de.   ten — te.

(1) Devant e, è, é, ê, i, y, c se prononce comme s.
(2) Devant e, è, é, ê, i, y, g se prononce comme j.

(5)

V v *v*   W w *w*
Vé - su - *ve*.   *We* - ser.

F f *f*   PH ph *ph*
phi - lo - so - *phe*.

L l *l*   ILL ill *ill*
o - bo - *le*.   feu*ill* - e.

M m *m*   N n *n*
ma - da - *me*.   car - bo - *ne*.

R r *r*   Z z *z*
re - cu - *ter*.   bron - *ze*.

S s *s*   Ç ç *ç*
se - mer.   fa - *ça* - de.

J j *j*   CH ch *ch*[1]
je.   fran - *che*.

X x *x*   GN gn *gn*
fi - *xe*.   Char - le - ma - *gne*.

---

(1) Devant les consonnes l, r, et dans un petit nombre de mots, devant les voyelles a, é, e, i, o, *ch* se prononce comme *k*. Il en est de même quand *ch* termine le mot.

(6)
Alphabet usuel.

A B C D E F G H I J
K L M N O P Q R S
T U V W X Y Z

a b c d e f g h i j
k l m n o p q r s
t u v w x y z

*a b c d e f g h i j
k l m n o p q r s t
u v w x y z*

IIIᵉ EXERCICE.

SONS DOUBLES OU DIPHTHONGUES.

ia | **ié** | **ied** | **ieds** | **iez**
fia-cre. | a-mi-tié. | pied. | pieds. | riez.

ier | **iers** | **iè** | **iet** | **iais**
po-mmier. | poi-riers. | piè-ce. | jo-liet. | biais.

ieu | **ieue** | **ieux** | **yeux**
Dieu. | lieue. | cieux. | (les) yeux.

iot | **iaux** | **ian** | **ion**
cha-riot. | bes-tiaux. | vian-de. | lion.

yon | **ien** | **ient** | **iens.**
Lyon. | bien. | (il) vient. | tiens.

oi | **oid** | **oie** | **oit** | **oigt**
roi. | froid. | joie. | toit. | doigt.

ois oix oy oyes | oin
bois. voix. Foy. Troyes.   foin.

oint oing oings.
point. poing. coings.

ui uie uid uids
au-jour-d'hui (1). suie. muid. muids.

uies uis uits uit | ué
pluies. huis. puits. bi-scuit. a-ttri-bué.

uer | uin uint.
é-ter-nuer. juin. suint.

ouâ | ouais | ouant | oué
(il) doua. (je) jouais. louant. en-roué.

ouet | ouin | ouen | oui
rouet. Bé-douin. Saint-Ouen. oui.

ouis.
Louis.

---

(1) Le trait qui se met entre deux lettres, au-dessus du corps d'écriture, et qui indique l'élision d'une voyelle, s'appelle apostrophe: *l'amitié* pour *la amitié*; *l'homme* pour *le homme*; *l'allégresse* pour *la allégresse*.

IVᵉ EXERCICE.

SONS COMPOSÉS.

a   as   at   aps   ah⁽¹⁾   ha
ma.   pas.   bat.   draps.   ah!   brou-ha-ha.

ât   ats.
mât.   chats.

e   eu   œu   heu   ent   es.
pe.   peu-ple.   sœur.   heu-re.   (ils) chan-tent.   Thè-bes.

é   ai   ed   er   ers
bé.   j'ai-mai.   bled.   (le) sou-per.   di-ners.

œ   et   ez.
OE-di-pe.   le pain et le vin.   nez.

è   eh   ei   ey   egs   ès
eh!   rei-ne.   dey.   legs.   cy-près.

---

(1) La lettre H h n'a un son ou une articulation propre que dans les mots où elle est aspirée (voyez le XIIIᵉ Exercice): autrement elle doit être considérée comme nulle, excepté dans ph = f.

et　est　ets　ai　aie
bu-dg*et*. (il) *est*. sou-ffl*ets*. m*ai*. pl*aie*.

aids　ais　ait　aient
pl*aids*. d*ais*. l*ait*. *ai*-m*aient*.

aits　aix.
bien-f*aits*. p*aix*.

eu　eux　eut　œu　eus　œud.
che-v*eu*. j*eux*. v*eut*. v*œu*. bl*eus*. n*œud*.

i　ie　ies　id　il　is　it
f*i*. p*ie*. Ca-na-r*ies*. n*id*. fu-s*il*. a-m*is*. fr*uit*.

its　ix　iz.
pro-f*its*. pr*ix*. r*iz*.

ô　op　ot　os　ots　au
P*ô*. si-r*op*. ra-b*ot*. re-p*os*. s*ots*. *au*-tant.

aud　aut　aux　eau　eaux.
ré-ch*aud*. s*aut*. che-v*aux*. p*eau*. oi-s*eaux*.

ou　oubs　ous　oux　out
hi-b*ou*. D*oubs*. n*ous*. t*oux*. t*out*.

oud　oup　oue　ouent.
Saint-Cl*oud*. l*oup*. Ca-p*oue*. (ils) j*ouent*.

an **am** **en** **ang** **eng**
ma-m*an*. *am*-bre. *en*-tre. é-t*ang*. ha-r*eng*.

em **ant** **ants** **ans** **and**
em-bû-che. ai-m*ant*. g*ants*. Or-lé-*ans*. gour-m*and*.

ands **ent** **ents** **ens** **end**
fri-*ands*. v*ent*. d*ents*. g*ens*. en-t*end*.

eant **eants** **empt** **empts**
o-bli-g*eant*. dé-so-bli-g*eants*. ex-*empt*. ex-*empts*.

emps **ems.**
t*emps*. (1) t*ems*.

in **inct** **ingt** **ins** **int**
Fran-kl*in*. *in*-stinct. v*ingt*. v*ins*. (il) v*int*.

ain **aint** **ains** **aincs** **aim**
p*ain*. s*aint*. vi-l*ains*. (tu) v*aincs*. f*aim*.

aims **ein** **eins** **eing** **eint**
es-s*aims*. fr*ein*. r*eins*. s*eing*. p*eint*.

ym **yn** **im.**
s*ym*-pho-nie. s*yn*-thè-se. *im*-pri-mer.

on **eon** **eons** **ond** **onc**
Bu-ff*on*. pi-g*eon*. plon-g*eons*. r*ond*. j*onc*.

---

(1) Le mot *tems* s'écrit avec un *p*, si on veut conserver l'étymologie.

oncs   ont   ons   onds   omb
troncs. front. fron-tons. fonds. Co-lomb.

onts   ompt   ong   ombs
monts. prompt. long. plombs.

ompts.
prompts.

um   un   unt   eun   eung.
par-fum. brun. dé-funt. à-jeun. Meung.

u   ue   ues   ut   uts   ux.
tu. vue. vues. a-ttri-but. dé-buts. re-flux.

AUTRES EXEMPLES.

beau. Ca-ron. sou-haits. joue. sou-vent.
Ar-mand. a-lun. syn-ta-xe. feux. bon-jour.
doux. an-gle. Ci-cé-ron. beau-coup. sur-saut.
ron-deur. po-pu-lai-re. syn-co-pe. cou-vent.
phi-lan-tro-pie. ich-neu-mon. sou-ris. ou-vrage.
O-cé-an. ni-veau. pont. par-don. o-ffen-se.
in-dul-gen-ce, etc.

Vᵉ EXERCICE.

ARTICULATIONS DOUBLES.

bl   pl   br   pr   cl   cr

ta-*ble*. peu-*ple*. sa-*bre*. pré. ou-*cle*. en-*cre*.

chl   dr   gl   gr   vr   fl

*chl*o-re. ca-*dre*. ou-*gle*. *gr*ain. *vr*ai. *fl*a-mme.

fr   phl   phr   sb   sc

*Fr*an-ce. *phl*o-gi-sti-que. *phr*a-se. *sb*i-re. *Sc*a-pin.

sl   sm   sp   sph   st   sth

*Sl*a-ve. *Sm*er-dis. *sp*i-re. *sph*inx. *st*è-re. i-*sth*me.

rc   tl   tr   lt   rk

pa*rc*. a-*tl*as. mai-*tr*e. Ha-sse*lt*. Mun-go-Pa*rk*

rck⁽¹⁾.

Da-ne-ma*rck*.

---

(1) Deux articulations de même valeur ne comptent que pour une seule articulation.

ARTICULATIONS TRIPLES.

scl   **scr**   **spl**   **spr**
sclé-ro-ti-que.   *scri*-be.   *splé*-nal-gie.   (la) *Sprée*.

sbr   **ltz**   **rtz**   **rms.**
Inn-*sbr*uck.   Sou*ltz*.   He*rtz*.   Wo*rms*.

ARTICULATIONS COMPOSÉES,
ÉQUIVALANT A DES ARTICULATIONS SIMPLES.

bb   **pp**   **cc**   **tt**   **ff**
a-*bb*é.   a-*pp*el.   a-*cc*a-blé.   a-*tt*entif.   o-*ff*rir.

gg   **ll**   **mm**   **nn**   **rr**
a-*gg*ra-ver.   vi-*ll*a-ge.   ho-*mm*e.   ho-*nn*eur.   La-*rr*e.

ss   **rt**   **rd**   **rg**   **rn**   **rps**
a-*ss*u-ran-ce.   po*rt*.   sou*rd*.   bou*rg*.   Bé-a*rn*.   co*rps*.

cs   **rts**   **rf**   **tt,** etc. (1)
Tur*cs*.   a*rts*.   ce*rf*.   Pi*tt*.

---

(1) Voir la note de la page précédente.

VIe EXERCICE.

SONS SIMPLES SUIVIS D'UNE ARTICULATION SIMPLE.

ab   **eb**   **ob**   **ub.**
A-cha*b*.   Ho-re*b*.   Jo*b*.   clu*b*.

ap   **ep**   **op.**
ca*p*.   A-le*p*.   Pé-ré-co*p*.

ic   **ich**   **ick**   **oc**
Co-per-n*ic*.   Zu-ri*ch*.   Ber-w*ick*.   Lan-gue-d*oc*.

oq   **uc**   **uk**   **uck**
co*q*.   ar-chi-d*uc*.   ca-p*uk*.   O-sna-br*uck* (1).

ac   **ec**   **ock**   **ak**   **ek**
s*ac*.   b*ec*.   ya-p*ock*.   r*ak*.   bi-ft*ek*.

ach.
Blu-men-b*ach*.

---

(1) Le principe que nous avons adopté pour la séparation des syllabes, est de rejeter à la seconde syllabe les articulations qui ne modifient pas indispensablement le son de la première.

at ath et eth.
ma*t*. Go-li*ath*. ne*t*. É-li-sa-b*eth*.

af ef if of uf
pa*f*. ne*f*. ca-ni*f*. A-zo*f*. tu*f*.

aph eph oph.
A-s*aph*. Jo-s*eph*. *Oph*-ni.

ag eg ig og ug.
Ag*ag*. Do*ëg*. Kœ-*nig*. Ma-g*og*. Z*ug*.

al el il ol ul.
Ba-*al*. se*l*. Ni*l*. Ty-ro*l*. Mé-hu*l*.

er or ir ar yr ur.
fe*r*. Sa-po*r*. Na-di*r*. ba-za*r*. zé-ph*yr*. su*r*.

am em im om um.
Ch*am*. S*em*. Sé-l*im*. Ep-s*om*. Na-h*um*.

id od ud ad ed.
Da-v*id*. A-*od*. A-bi*ud*. Jo-*ad*. Al-fr*ed*.

it ith ot ut uth.
gra-n*it*. Zé-n*ith*. d*ot*. ca-je-p*ut*. bi-sm*uth*

en   enn   on   onn   inn.
a-men. Penn. Lon-don. Bonn. Grinn.

os   us   as   es   is.   ys.
A-mos. Cré-sus. A-do-ni-as. Her-mès. vis. lys.

az   ez   oz.
E-li-phaz. Suez. Bo-oz.

ex   ix   ox   ux   ax. (1)
Sus-sex. phé-nix. Pa-la-fox. Crux. Dax.

AUTRES EXEMPLES.

mal. nul. bol. pur. bref. car-di-nal.
mur. Sa-lem. mer. Na-bu-cho-do-no-sor. es-toc.
Na-za-ret. bloc. An-ti-o-chus. U-psal. Pot.
Ja-phet. vol. lac. fil. va-ssal. hor-lo-ge.
hor-lo-ger. ar-ti-ste. Cü-fas. sur. dog-me.
Gi-bral-tar. Styx. ric-à-ric. suc. Tyr. lok. sac.
Al-pes. Bor-deaux. Né-rac. mic-mac. Ju-pi-ter.
U-ra-nus. al-co-ol. a-qué-duc. vif. Qué-bec.

---

(1) On ne trouve pas ici de sons simples suivis d'un je ni d'un gn. Il n'y a point de syllabe française qui se termine de cette manière.

VIIe EXERCICE.

SONS SIMPLES SUIVIS D'UNE ARTICULATION DOUBLE.

---

act   ald   alm   alt   arm
ex-*act*. Grin-der-w*ald*. S*alm*. A-nh*alt*. D*arm*-stadt.

ars   arc   arck   ast   arx
m*ars*. m*arc*. Da-ne-m*arck*. St-W*ast*.

arz   elt   ems   ect   erf
H*arz*. Ha-ss*elt*. *Ems*. cor-r*ect*. s*erf*.

est   ist   ict   ost   old
z*est*. Chr*ist*. ver-d*ict*. A-l*ost*. Ha-r*old*.

olm   orff   orck   ulm
Sto-ckh*olm*. Pu-ffen-d*orff*. Y*orck*. *Ulm*.

urc   ust   usth   urth   apt
T*urc*. Saint-J*ust*. F*usth*. Er-f*urth*. *Apt*.

aps   isc   isk   itz   arr.
re-l*aps*. f*isc*. w*isk*. Au-ster-l*itz*. B*arr*.

SONS SIMPLES SUIVIS D'UNE ARTICULATION TRIPLE.

orms   urtz   ertz   artz   oldt.
W*orms*.   W*urtz*.   H*ertz*.   H*artz*.   Hum-b*oldt*.

SONS SIMPLES SUIVIS D'UNE ARTICULATION COMPOSÉE.

app   itt   ord   ort   ard   arn
R*app*.   P*itt*.   n*ord*.   s*ort*.   é-pi-n*ard*.   Bé-*arn*.

orts   ert   art   arts.
ef-f*orts*.   des-s*ert*.   p*art*.   rem-p*arts*.

utt.
St*utt*-gard.

AUTRES EXEMPLES.

su-pp*orts*. dé-s*erts*. dé-p*art*. Lé-o-p*old*. vieill-*ards*. ou*est*. ha-z*ards*. gro-gn*ards*. ad-jec-t*ifs*. sub-stan-t*ifs*. p*orts*. Ar-n*old*.

N. B. Si le maître trouve ce viie Exercice trop difficile pour l'élève, il le rejettera après le viiie.

VIII.e EXERCICE.

SONS SIMPLES PRÉCÉDÉS D'UNE ARTI-
CULATION SIMPLE.

---

ba   be   bé   bè   bê.
Ba-pau-me. *be*-so-gne. *bé*-nir. *bè*-cher. *bê*-le-ment.

bi   by   bo   bu   bá   bû.
bi-jou. Der-*by*. *bo*-bi-ne. *bu*-se. *bâ*-ton. (il a) *bû*.

pe   pé   pè   pê   pi.
pom-*pe*. *pé*-ché. *pè*-re. *pê*-che. *pi*-vert.

po   py   pu   pà   pa.
Tri-*po*-li. *Py*-tha-go-re. *pu*-re-té. *pâ*-tir. *pa*-pa.

cé   ce   cê   scè   sci   ci   cy.
Cé-sar. *ce*-dre. *cê*-ne. *scè*-ne. *Sci*-pion. sou-*ci*. *Cy*-rus.

co   cho   ca   cha   cu   ce
co-lon. é-*cho*. *ca*-fé. *cha*-peau. *Cu*-ba. be-sa-*ce*.

câ.
câ-pre.

ké   kí   ko   ky

Ké-ri-va-lant.   So-bies-*ki*.   *Ko*-ran.   *ky*-nan-cie.

qui   ka   que.

qui-dam (1).   Mo-*ka*.   re-mor-*que*.

di   di   do   dy   du

di-ner.   *di*-re.   a-*do*-rer.   *dy*-na-stie.   *Du*-blin.

de   da   dé   dè   dê

din-*de*.   *Da*-vid.   *dé*-mon.   dia-*dè*-me.   A-*dê*-le.

ti   thi   to   ty   tu

Ti-bre.   *Thi*-bet.   *to*-lé-ran-ce.   *ty*-ran.   *tu*-teur.

ta   tha   te   ta   té

ta-pa-ge.   Gol-go-*tha*.   fon-*te*.   *ta*-quin.   vé-ri-*té*.

tè   tê   thè   thé.

(il) *tê*-te.   *té*-te.   *thè*-me.   *thé*.

vo   vi   vu   ve.

vo-leur.   *vi*-ce.   pour-*vu*.   *ve*-nir.

va   vé   vê   vi.

va-ni-té.   *vé*-ri-té.   *vê*-pres.   *vi*-nai-gre.

fu   fâ   fe   fa.

fu-mée.   in-*fâ*-me.   *fe*-nê-tre.   *fa*-mi-li-a-ri-té.

---

(1) Prononcez *ki-dan*.

fé fè fê fi fo.
fé-lon. *fè*-ve. *fê*-te. *fi*-ler. *fo*-lie.

phi pha phe phé.
Thé-o-*phi*-le. *pha*-re. tri-om-*phe*. *phé*-no-mè-ne.

phè phi pho phy.
pro-*phè*-te. so-*phi*. *pho*-que. *phy*-si-que.

gâ ca ga gé gè.
gâ-cher. *ca*-ge. *Ga*-bri-el. *Gé*-dé-on. *Gè*-nes.

gê gi go gy gu.
gê-ne. *gi*-ber-ne. Ar-*go*-nau-te. *gy*-né-cée. ar-*gu*-ment.

le la lé lè.
rô-*le*. *la*-me. *lé*-thar-gie. co-*llè*-ge.

li lo ly lu lâ.
al-ka-*li*. ki-*lo*-li-tre. Mar-*ly*. *lu*-miè-re. *lâ*-che-té.

illa illé.
foui*lla*. ef-feui*llé*.

me mé mè mê mi mo.
Par-*me*. *mé*-ri-dien. *mè*-re. lui *mê*-me. a-*mi*. *mo*-ri-bond.

my mu mâ ma.
my-tho-lo-gie. *mu*-raill-e. *mâ*-le. *ma*-ca-ron.

(23)

nè   ni   no   ny.
Ge-*nè*-ve.   a-*ni*-mal.   *no*-te.   Fa-*nny*.

nu   ne   na   né.
Nu-ma.   ma-ri-*ne*.   *na*-vi-re.   a-*né*-mo-ne.

re   ri   ro   ry   ru
ma-*re*.   *ri*-deau.   *Ro*-bin-son.   Hen-*ry*.   *ru*-mi-ner.

rhu   râ   ra   ré   rê.
rhu-bar-be.   *râ*-le.   *Ra*-ti-sbo-nne.   ju-*ré*.   *rê*-ver

zi   zo   zy   zu.
zi-be-li-ne.   *zo*-o-lo-gie.   a-*zy*-me.   a-*zu*-ré.

ze   za   zé   zè.
a-*ze*-ro-lier.   *za*-gaie.   *zé*-ro.   *zè*-bre.

jo   jy   ju   ja   je.
jo-ko.   *Ju*-ra.   *Ja*-cob.   *je*-ter.

ja   jé.
ja-ser.   *Jé*-ho-va.

chy   chu   châ   che   cha.
chy-le.   *chu*-cho-ter.   *châ*-ti-ment.   *che*-val.   *cha*-ri-té.

ché   chè   chê   sche   schè.
ca-*ché*.   *chè*-vre.   *chê*-ne.   *sche*-lling.   *schè*-ne.

chi schi cho.
chi-gnon. schi-sme. cho-se.

su sa se sé sè scè.
su-bli-me. sa-bbat. se-mis. sé-di-ment. sè-ve. scè-ne.

scé si sci so sy
scé-ni-que. si-don. sci-a-gra-phie. so-li-de. sy-rie.

scy.
scy-ta-le.

çà çu ço ça.
(nous) for-çâ-mes. sçu-mes. fa-ço-nner. fa-ça-de.

gna gne gné gno.
I-gna-ce. pei-gne. ro-gné. i-gno-ble.

AUTRES EXEMPLES.

par-do-nner. sci-a-ti-que. a-ro-ma-te. ché-ru-bim. ra-mo-neur. Ro-main. Sa-mos. di-vi-ni-té. sé-ba-ci-que. co-lo-nie. sul-fa-te. sul-fi-te. ni-tra-te. ni-tri-te. o-xa-la-te. o-xa-li-te. sy-co-mo-re. mu-ni-ci-pa-li-té. a-ca-dé-mie. u-ni-ver-si-té. Po-lo-gne é-lec-tri-ci-té. mé-de-ci-ne.

IXᵉ EXERCICE.

SONS SIMPLES PRÉCÉDÉS D'UNE ARTICULATION DOUBLE.

bla ble blé blè blê bli.
bla-son. ta-*ble*. dou-*blé*. *blè*-gue. *blé*-me. ou-*bli*.

blo blu bre bré brè
blo-ca-ge. *blu*-teau. om-*bre*. a-*bré*-ger. *brè*-che.

brê bri bro bru bra.
Brê-me. *bri*-que. *bro*-can-ter. *bru*-tal. *Bra*-mat.

pla plé plè pli
pla-ce. dé-cou-*plé*. *plè*-vre. em-*pli*.

plo plu.
im-*plo*-rer. *plu*-vier.

pra pre pré prè prê
pra-li-ne. *pre*-mier. *pré*-voir. *prè*-le. *prê*

pri pro pru.
pri-è-re. *pro*-phè-te. *pru*-den-ce.

2

cla	cle	cli	clo	chlo
cla-vier.	cé-na-*cle*.	*cli*-mat.	*Clo*-vis.	*chlo*-ra-te.

clu	cly	clé		clè.
Clu-ny.	*Cly*-mè-ne.	*clé*-men-ce.		*Clè*-ves.

cra	cri	cro	cru	cre
Cra-co-vie.	é-*cri*-tu-re.	*cro*-co-di-le.	re-*cru*-ter.	en-*cre*.

cré	crê	chrê.		
Cré-mo-ne.	*crê*-pe.	*chrê*-me.		

dra	dro	dru	dre	drê
dra-gée.	*dro*-ma-dai-re.	*Dru*-ses.	fou-*dre*.	*drê*-che.

drè	dré	dri.		
drè-ge.	pou-*dré*.	A-*dri*-en.		

thlè	thla.			
a-*thlè*-te.	*thla*-spi.			

tre	tré	trè	tro	tra
trai-*tre*.	*tré*-pied.	*trè*-fle.	*tro*-phée.	*tra*-me.

tri	tru	trô.		
tri-co-ter.	*tru*-meau.	*trô*-ne.		

vré	vro	vra	vri
re-cou-*vré*.	che-*vro*-ter.	ou-*vra*-ge.	a-ppau-*vri*.

vré.			
en-i-*vré*.			

frè   fré   fro   fra   fri
frè-re.   *fré-ne.*   *fro-ma-ge.*   *fra-cas.*   *fri-mas.*

fru   fre   fré.
fru-ga-li-té.   sou-*fre.*   *fré-*mir.

phro   phra   phry   phré
Eu-*phro-*si-ne.   *phra-*se.   *Phry-*gie.   *phré-*no-lo-gie.

phre.
cam-*phre*

gla   gli   glu   gle   glé
*gla-*çon.   *gli-*sser.   *glu-*ten.   san-*gle.*   é-tran-*glé.*

glè   glo.
*glè-*be.   *glo-*be.

gri   gru   gre   gré   grè
*gri-*son.   *gru-*ger.   *Gre-*no-ble.   a-*gré-*a-ble.   *grè-*le.

gra   gro   grâ   grê.
*gra-*ci-eux.   *gro-*gner.   *grâ-*ce.   *grê-*le.

gna   gno   gni   gnou.
*Gna-*pha-lium.   *gno-*me.   *Gni-*de.   *gnou.*

sbi.
sbi-re.

sco   **sca**   **scu**   **sma**
sco-la-ri-té.   sca-pu-lai-re.   Scu-ta-ri.   I-sma-ël.

smo.
Smo-lensk.

stè   **sto**   **sta**   **sti**   **sty**
stè-re.   sto-re.   con-sta-ble.   sti-mu-ler.   sty-le.

stu   **sté.**
stu-dieux.   sté-ré-o-ty-pie.

spo   **spa**   **spi.**   **spu.**
spo-lier.   spa-tu-le.   spi-ra-le.   con-spu-er.

SONS SIMPLES PRÉCÉDÉS D'UNE ARTICULATION TRIPLE.

sclé   **scri**   **sple**   **spré.**
A-sclé-pi-a-de.   scri-be.   Splé-ni-us.   Sprée.

stra   **stri**   **stré**   **stro**
stra-pon-tin.   ga-stri-te.   Stré-litz.   stro-ma-tes

stru.
stru-ctu-re.

Xᵉ EXERCICE.

SONS DOUBLES PRÉCÉDÉS D'UNE ARTI-
CULATION SIMPLE, DOUBLE OU TRIPLE.

ia   ié   ieds   iez   ier
dia-ble. moi-*tié*. *pieds*. *sciez*. pru-*nier*.

iers   iè   iets   iais   ieux
Ju-*liers*. niè-ce. jo-*liets*. *niais*. *lieux*.

ieue   iot   iaux   ian   ion
ban-*lieue*. i-*diot*. bes-*tiaux*. *vian*-de. es-*pion*.

yon   ien   ient   iens.
Saint-*Yon*. *rien*. (il) ob-*tient*. re-*viens*.

oi   ois   oids   oie   oigts   oies
foi. *pois*. *froids*. *soie*. *doigts*. *joies*.

oin   oint   oings.
be-*soin*. *oint*. *poings*.

ui   uis   uids   uie   ué   uint.
lui. per-*tuis*. *muids*. *pluie*. *nué*. *suint*.

2.

ou   oua   ouais   ouant   oué
Rou. (il) *doua*. (tu) *jouais*.   *louant*.   *joué*.

ouet ouin ouy ouis ouit
A-*rouet*. mar-*souin*. *Jouy*. en-*fouis*. (il) en-*fouit*.

uit, etc.
con-*struit*.

~~~~~~~~~~~~~~~~~~~~~~~~~~~~~

XIe EXERCICE.

SONS SIMPLES ET COMPOSÉS, PRÉCÉDÉS D'UNE ARTICULATION SIMPLE, DOUBLE OU TRIPLE.

---

at   ats   ap   aps   as.
chat. *rats*. *drap*. *draps*. *stras*.

eu   euf   eur   ent   es.
meu-ble. *neuf*. *fleur*. (ils) boi-*vent*. A-thè-*nes*.

ai   er   ers.
(j') a-do-*rai*. sou-*per*. dé-jeû-*ners*.

ei ey egs ès et
Sei-ne. Sid-*ney*. *legs.* pro-*cès.* pro-*jet.*

est ets ai aies aid ais
(il) *est.* na-*vets.* *lai.* *plaies.* *laid.* ja-*mais.*

ait aient aits aix.
(il) dau-*sait.* (ils) fa-bri-*quaient.* for-*faits.* De-*saix.*

eu eus eux eut œuds.
feu. *bleus.* heu-*reux.* (il) *pleut.* *nœuds.*

ie ies il is it its
So-*phie.* *pies.* fu-*sil.* sou-*ris.* *fit.* ha-*bits.*

ix iz.
prix. *riz.*

op ot os ots au
ga-*lop.* sa-*bot.* sha-*kos.* ra-*bots.* u-*nau.*

aud aut aux eau eaux.
ba-*daud.* sur-*saut.* *baux.* ni-*veau.* *beaux.*

ou ous oubs ouds oux oût
fou. *sous.* ra-*doubs.* (tu) *couds.* *houx.* *moût.*

oup oue ouent.
beau-*coup.* *houe.* (ils) *louent.*

an am en ang eng
an-ti-lo-pe. pam-pre. à-men-de. rang. ha-reng.

em ant ants ans
em-poi-sso-nner. ma-nant. ha-bi-tants. pa-ssans.

ands and ent ents
ré-pands. Gand. ser-pent. or-ne-ments.

ens end eant eants
a-gens. (il) com-prend. man-geant. co-par-ta-geants.

empts emps.
ex-empts. temps.

in inct ingts ins int
lin. in-stinct. qua-tre-vingts. é-crins. (il) tint.

ain ain ains aincs aim
plain-chant. main. pains. con-vaincs. faim.

aims ein eins eing eint
daims. des-sein. reins. seing. ceint.

ym yn im.
thym. O-lyn-the. im-bi-ber.

on eon eons ond onds
Vau-can-son. es-tur-geon. son-geons. pro-fond. bonds.

onc   oncs   ont   ons   omb
tronc.   *joncs.*   *mont.*   *poi-ssons.*   *Co-lomb.*

onts   ompts   ong.
ponts.   *prompts.*   *long.*

un   um   unt   eun.
a-lun.   *par-fum.*   *dé-funt.*   *à jeun.*

ud   ut   ux   us   ue.
nud.   *but.*   *flux.*   *a-bus.*   *mue.*

XIIe EXERCICE.

SONS SIMPLES, DOUBLES OU COMPOSÉS, PRÉCÉDÉS ET SUIVIS D'UNE ARTICULATION SIMPLE, DOUBLE, TRIPLE OU COMPOSÉE.

bal   ber   bir   bor   bur
bal.   *Ber-ne.*   *Bir-min-gham.*   *bor-ne.*   *Bur-gos.*

bil   bul   bel   bol   bos
bil-bo-quet.   *Bul-ga-rie.*   *bel-la-do-ne.*   *bol-ti.*   *Du-bos*

bus bac bif.
cho-lé-ra-mor-*bus*. scu-*bac*. *bif*-tek.

pal pol pul pel put
prin-ci-*pal*. Saint-*Pol*. *pul*-pe. *pel*-le. pré-ci-*put*.

pit pat per par por
Pit-ta-cus. *pat*. *per*-du. *par*. Sa-*por*.

pir pur pas pos pac
ta-*pir*. *pur*. *pas*-sif. *pos*-po-li-te. *pac*-te.

pec pic.
pec-ca-dill-e. a-*spic*.

vif vil vel val
vif-ar-gent. *vil*. nou-*vel*. *Val*-de-Grâce.

vol vul var ver vir
Vol-tai-re. *Vul*-cain. *Var*. *ver*-ti-go. sé-*vir*.

vor vic vac.
a-*vor*-ton. Lu-do-*vic*. *vac*-ci-ne.

fer for phos fas
fer-me. (le) *for* in-té-rieur. Pa-*phos*. *fas*-te.

phas fox fac fic four
Clé-o-*phas*. Pa-la-*fox*. *fac*-tion. tra-*fic*. en-*four*-ner.

fuir.
s'en-*fuir*.

mat	**mal**	**mor**	**dor**	**mar**
mat.	*mal.*	ma-ta-*mor.*	*dor*-mir.	*mar*-tre.
dar	**mil**	**mol**		**mel**
dar-der.	*mil*-li-mè-tre.	bé-*mol.*		*Mel*-chi-sé-dech.
mul	**mer**	**mur**		**mis**
é-*mul*-sion.	a-*mer.*	*mur*-mu-re.		Thé-*mis.*
mes	**mus**	**mos**	**mac**	**mic**
mes-se.	o-re-*mus.*	Sa-*mos.*	ha-*mac.*	*mic*-mac.
dif	**dot**	**tal**	**til**	**tic**
tar-*dif.*	*dot.*	hô-pi-*tal.*	*til*-bu-ry.	ma-*stic.*
tic	**tel**	**tell**	**ter**	**tar**
tic-*tac.*	hô-*tel.*	*Tell.*	S*ter*-ne.	*tar*-der.
tir	**tur**	**tor**	**tour.**	
sor-*tir.*	*tur*-bu-lent.	Sten-*tor.*	a-*tour*	
nir	**nar**	**nard**	**ner**	**nis.**
sou-ve-*nir.*	*Nar*-bo-nne.	é-pi-*nard.*	*ner*-veux.	A-do-*nis.*
lor	**ler**	**lir**	**las**	**lac.**
lor-gner.	Pa-*ler*-me.	po-*lir.*	hé*las !*	*lac.*
rep	**red**	**gnol**		**gnal**
rep-ti-le.	*red*-di-tion.	ro-ssi-*gnol.*		si-*gnal.*
ric	**roc**	**roch.**		
Thé-o-do-*ric.*	Du-*roc.*	Saint-*Roch.*		

suc   sug   soc   sog   sec
suc.   sug-ges-ti-on.   *soc.   Sog*-dia-ne.   *sec.*

sac   chec.
sac.   é-chec.

AUTRES EXEMPLES.

vau-*tour.* bouc. Ham-*bourg.* tam-*bour.* bou-*deur.* sourd. bou-*doir.* noir-ceur. cuir. juif. *Mar*-seill-e. *Bor*-deaux. tran-*sport.* li-ber-té. char-te. pa-ter-nel. ter-tre. *Nor*-man-die. *Pi*-card. *Bour*-go-gue. bel-vé-dè-re. *Mol*-da-vie. Sei-gneur. *Daph*-né. fa-ctum. mer-le. dog-me. cour-be. ma-nu-*fa*-ctu-re. lec-tu-re. rec-tan-gle. Gi-*bral*-tar. gol-fe. sou-stra-ction. per-pen-di-cu-lai-re. tor-tue. fa-ctu-re. fa-cteur. mo-nar-chie. ver-ti-ca-le. ber-ger. cer-cle. a-nar-chie. scor-so-nè-re. cur-vi-li-gne. cré-a-*teur.* A-*dour.* sauf. mul-ti-pli-ca-tion. cal-cul. myr-te. o-li-gar-chie. hié-rar-chie. *Czar.* cours,

XIIIe EXERCICE.

H aspirée.

Ha-che, ha-gard, ha-ï, haill-on, hai-ne, ha-la-ge, hâ-le, ha-lei-ne, ha-le-ter, ha-lle, ha-lle-barde, hal-te, ha-mac, ha-meau, han-che, han-gar, ha-nne-ton, hou-se, han-ter, ha-ppe, ha-que-née, ha-quet, ha-ran-gue, ha-ras, ha-ra-sser, har-ce-ler, ha-reng, ha-ri-cot, ha-ri-del-le, har-nais, ha-ro, har-pe, har-pon, hart, ha-sard, hâ-te, hau-sse, haut, Ha-vre, hé-ler, Hen-ri, Hé-rault, hè-re, héri-sser, hé-ron, hé-ros, her-se, hê-tre, hi-bou, hi-sser, ho-be-reau, Ho-llan-de, Hon-grie, ho-nnir, hon-te, ho-quet, ho-que-ton, hor-de, hors, ho-tte, hou-blon, houe, houill-e, hou-let-te, hou-ppe, hour-dir, hou-ra, hou-spill-er, hou-sse, houx, ho-yau, hu-che, hu-ée, hu-mer, hu-ppe, hu-re, hur-ler, hu-tte. — En-har-dir, a-heur-ter, dé-har-na-cher, etc.

XIVᵉ EXERCICE.

§ 1. Lettres qui changent leur prononciation.

s = z.
sé-ro-*s*i-té. sa-lai-*s*on. Al-*s*a-ce. bal-*s*a-mi-ne. tran-*s*i-ger, etc.

z = s.
Rho-de*z*. San-che*z*. Va-sque*z*.

eu = u.
ga-g*eu*-re. en-ver-g*eu*-re.

e = è.
ter-re. her-be, etc.

y = ii.
ci-to*y*-en. cra-*y*on. pa*y*-san. vo*y*-a-geur. tu-to*y*-er, etc.

c = g.
se-*c*ond. se-*c*on-de-ment, etc.

g = c.
*g*an-grè-ne, etc.

il = ill.
so-le*il*. tra-va*il*. cer-feu*il*. fe-nou*il*.

s = ss.
gi-*s*ant, etc.

t = s.
mar-*t*ial. pa-*t*i-en-ce. é-gyp-*t*ien. quo-*t*ient. sa-*t*i-é-té. ac-*t*i-on. sé-di-*t*i-eux, etc.

ch = g.
dra*ch*-me.

ge′ = je.
pi-*ge*on, etc.

x = z.
deu-*x*iè-me. si-*x*iè-me, etc.

x = gz.
e*x*-em-ple. e*x*-hor-ter. he*x*-a-mè-tre, etc.

x = ss.
soi-*x*an-te. Au-*x*er-re. Bru-*x*el-les. Ai*x*. Au-*x*o-nne. si*x*, etc.

tz = s.
Me*tz*.

§ 2. Lettres qui ne se prononcent point.

A dans *a*oût. S*a*ô-ne. T*a*on, etc.
E .... C*a*en. a-ss*e*oir. dé-vou*e*-ment, etc.
O .... pa*o*n. fa*o*n, etc.
FS .... œu*fs*, etc.
G .... san*g*-sue. Re-*g*nault. Re-*g*nard, etc.
I ..... Mon-ta*i*-gne.
M ..... au-to-*m*ne. con-da-*m*ner.
P ..... ba-*p*tê-me. com-*p*te. se*p*t.
TH ... as*th*-me.
etc.   etc.

§ 3. Liaisons des mots.

Grande affaire ...... Gran-da-ffaire.
Grand homme ...... Gran-*t*ho-mme.
Rang élevé .... Ran-*k*é-le-vé.
Vous êtes aimable ... Vou-*z*é-te-*z*ai-ma-ble.
Un ami .... U-na-mi.
Bon ami .... Bo-na-mi.
Bons amis .... Bon-za-mis.
In-octavo .... I-noc-ta-vo.
etc.

XVe EXERCICE.(1)

DIEU. — LA CRÉATION. — L'HOMME.

Dieu seul est grand ; Dieu seul est é-ter-nel; il est CE-LUI QUI EST — Jé-ho-va.

Dieu a fait, par sa seu-le pa-ro-le, tout ce qui est dans le ciel, sur la ter-re, dans la mer, et le ciel et la ter-re et la mer el-le-mê-me.

Il a co-mman-dé, et tout a été fait.

Il a vou-lu, et tout a été cré-é.

---

(1) En commençant à lire les phrases, l'élève remarquera les signes de la ponctuation : le point (.), la virgule (,), le point et virgule (;), les 2 points (:). Plus tard, il verra de quel usage sont le point d'exclamation (!), le point d'interrogation (?), la parenthèse ( ), le tréma (¨), etc.

Il dit : que la lu-miè-re soit, et la lu-miè-re fut.

Les cieux ra-con-tent la gloi-re du Très-Haut.

L'ho-mme a été fait à l'i-ma-ge de Dieu ; son â-me est im-mor-tel-le.

L'ho-mme pro-po-se, et Dieu di-spo-se.

Ai-mons Dieu et le pro-chain, voi-là tou-te la loi.

Tout ho-mme est no-tre pro-chain ; nous so-mmes tous frè-res ; nous de-vons nous ai-der, nous con-so-ler, nous su-ppor-ter les uns les au-tres.

Il faut fai-re aux au-tres, ce que nous vou-dri-ons qui nous fût fait.

XVIᵉ EXERCICE.

LES ASTRES.

Le so-leil ne tour-ne pas au-tour de la ter-re ; c'est la ter-re qui tour-ne au-tour du so-leil. El-le a-chè-ve son tour en trois cent soi-xan-te-cinq jours, cinq heu-res qua-ran-te neuf mi-nu-tes.

Le so-leil est à plus de tren-te trois mi-lli-ons de lieues de la ter-re.

Le so-leil est qua-tor-ze cent mi-lle fois plus grand que la ter-re.

La ter-re est un grand corps rond, dont la cir-con-fé-ren-ce est de neuf mi-lle lieues de France. El-le est di-vi-sée en cinq par-ties: l'Eu-ro-pe, l'A-fri-que, l'A-sie, l'A-mé-ri-que et l'Au-stra-lie, qu'on a-ppel-le au-ssi O-cé-a-nie.

La lu-ne tour-ne au-tour de la ter-re.

La lu-ne est à plus de qua-tre-vingt mi-lle lieues de la ter-re : el-le est qua-ran-te neuf fois plus pe-ti-te que la ter-re : el-le re-çoit la lu-miè-re du so-leil, et la ren-voie en par-tie à la ter-re.

Les pla-nè-tes sont des as-tres é-clai-rés par le so-leil, et dont la lu-miè-re est tran-qui-lle. Tel-le est la ter-re, tel-le est au-ssi l'*é-toi-le du ber-ger* (Vé-nus). Les é-toi-les sont lu-mi-neu-ses par el-les mê-mes, et leur lu-miè-re est scin-til-lan-te.

On co-nnaît ac-tu-el-le-ment on-ze pla-nè-tes, et l'on voit brill-er des mi-lliers d'é-toi-les.

(1) « O cieux, que de grandeur, et quelle majesté!
« J'y reconnais un maître à qui rien n'a coûté,
« Et qui dans vos déserts a semé la lumière,
« Ainsi que dans nos champs il sème la poussière. »

---

(1) On appelle guillemets ces deux traits « » que l'on met au commencement et à la fin d'une citation.

XVIIᵉ EXERCICE.

L'EUROPE et L'ASIE.

L'Eu-ro-pe pro-duit en a-bon-dan-ce du vin, des fruits, des lé-gu-mes, et tout ce qui est né-ces-sai-re à la vie. Les a-ni-maux u-ti-les y sont en grand nom-bre, et les a-ni-maux nui-si-bles a-ssez ra-res. On y trou-ve des mi-nes de fer, de plomb, d'é-tain, de houill-e, etc., etc.

L'Eu-ro-pe n'a que le quart d'é-ten-due de l'A-sie et de l'A-mé-ri-que et le tiers de l'A-fri-que : mais el-le est à pro-por-ti-on plus peu-plée, et mieux cul-ti-vée.

La tem-pé-ra-tu-re de l'Eu-rope est très a-gré-a-ble.

La po-pu-la-tion de l'Eu-ro-pe

est é-va-lu-ée à en-vi-ron deux cent vingt-cinq mi-lli-ons d'ha-bi-tants. L'Europe contient cent cin-quan-te-cinq mille lieues carrées gé-o-gra-phi-ques, c'est à di-re près de qua-tre cent qua-ran-te mille lieues ca-rrées de Fran-ce.

L'A-sie ré-u-nit les ré-gi-ons les plus froi-des, et d'autres ré-gi-ons qui jou-i-ssent d'un cli-mat très doux. On y trou-ve l'o-li-vier, le co-to-nnier et les fruits les plus dé-li-ci-eux. On voit croî-tre le da-ttier, le ca-fé et l'en-cens en A-ra-bie; le co-co-tier, l'in-di-go-tier et la ca-nne à su-cre dans les In-des; le ca-nne-lier à Cey-lan, et l'ar-bre à thé dans l'em-pi-re chi-nois.

L'A-sie a été le ber-ceau du gen-re hu-main, et le siè-ge des pre-miers em-pi-res.

La po-pu-la-tion de l'A-sie peut ê-tre é-va-luée à qua-tre cents mi-lli-ons d'ha-bi-tants.

XVIIIe EXERCICE.

L'AFRIQUE, L'AMÉRIQUE et L'OCÉANIE.

L'A-fri-que est la par-tie du mon-de la plus chau-de : el-le est très ri-che en mé-taux pré-ci-eux. Mais el-le ren-fer-me beau-coup d'a-ni-maux fé-ro-ces, tels que le lion, le ti-gre, l'hyè-ne, le cha-cal. Les fleu-ves nou-rri-ssent d'é-nor-mes cro-co-di-les, et les fo-rêts re-cè-lent le ser-pent Bo-a. On trou-ve en-co-re en A-fri-que l'hi-ppo-po-ta-me, la gi-ra-fe, le bu-fle, le cha-meau, etc., etc.; et des oi-seaux très re-mar-quables ; le per-ro-quet, l'au-tru-che, etc., etc.

On é-va-lue à cent dix mi-lli-ons d'ha-bi-tants la po-pu-la-tion de l'A-fri-que.

L'A-mé-ri-que for-me ce que l'on a-ppel-le le nou-veau con-ti-nent, par o-ppo-si-tion a-vec l'Eu-ro-pe, l'A-sie et l'A-fri-que qui com-po-sent l'an-cien con-ti-nent. L'A-mé-ri-que est moins chau-de que l'an-cien con-ti-nent, ce qu'il faut a-ttri-buer à des mon-ta-gnes im-men-ses, qui do-nnent nai-ssan-ce aux ri-viè-res et aux fleu-ves les plus grands du mon-de.

Nu-lle part les mé-taux pré-ci-eux ne sont plus a-bon-dants.

On com-pte au-jour-d'hui en A-mé-ri-que qua-ran-te mi-lli-ons d'ha-bi-tants : la plus gran-de par-tie sont ca-tho-li-ques.

L'O-cé-a-nie est la par-tie du mon-de qui com-prend sur le glo-be l'es-pa-ce le plus é-ten-du.

Ce-pen-dant c'est la moins peu-plée de tou-tes les par-ties du mon-de.

On é-va-lue sa po-pu-la-tion à tren-te mi-lli-ons d'ha-bi-tants.

L'O-cé-a-nie est en-tiè-re-ment com-po-sée d'î-les. On y re-mar-que les î-les Phi-li-ppi-nes qui pro-dui-sent le cam-phre, le ben-join, le poi-vre, l'in-di-go et le riz.

La Nou-vel-le-Ho-llan-de est une î-le im-men-se qui peut pa-sser pour un con-ti-nent. Ses ha-bi-tants sem-blent fort mi-sé-ra-bles et fort i-gno-rants.

XIX.e EXERCICE.

LES CINQ SENS. — LES NOMBRES.

Nous avons cinq sens ou manières différentes de sentir : la *vue*, l'*ouïe*, le *goût*, l'*odorat*, le *toucher*.

La vue a pour organe ou instrument les *yeux*.

L'ouïe a pour organe les *oreilles*.

Le goût a pour organe la *langue*.

L'odorat a pour organe le *nez*.

Le toucher a pour organes principaux les *mains* et les *doigts*.

Pour compter les objets que nous *voyons*, que nous *entendons*, que nous *goûtons*, que nous *odorons*, que nous *touchons*, on emploie les nombres.

Un 1, deux 2, trois 3, quatre 4, cinq 5, six 6, sept 7, huit 8, neuf 9, dix 10, onze 11, douze 12, treize 13, quatorze 14, quinze 15, seize 16, dix-sept 17, dix-huit 18, dix-neuf 19, vingt 20, vingt et un 21, trente 30, quarante 40, cinquante 50, cent 100, mille 1000.

Une pomme et une pomme font deux pommes.

Deux poires et deux poires font quatre poires.

Trois hommes et trois hommes font six hommes.

Quatre enfants et quatre enfants font huit enfants.

Cinq chevaux et cinq chevaux font dix chevaux.

Six maisons et six maisons font douze maisons.

Sept francs et sept francs font quatorze francs.

Huit moutons et huit moutons font seize moutons.

Neuf couteaux et neuf couteaux font dix-huit couteaux.

Dix paniers de raisins et dix paniers de raisins font vingt paniers de raisins.

Un et un font deux. . . . . 2.
Deux et un font trois. . . . . 3.
Trois et un font quatre. . . . . 4.
Quatre et un font cinq. . . . . 5.
Cinq et un font six. . . . . 6.
Six et un font sept. . . . . 7.
Sept et un font huit. . . . . 8.
Huit et un font neuf. . . . . 9.
Dix et deux font douze. . . . . 12.
Douze et deux font quatorze. . . . . 14.
Quatorze et deux font seize. . . . . . 16.
Seize et quatre font vingt. . . . . 20.
Vingt et cinq font vingt-cinq. . . . . 25.
Vingt-cinq et cinq font trente. . . . 30.
Trente et trois font trente-trois. . . 33.
Trente-trois et sept font quarante. . 40.
Quarante et dix font cinquante. . . 50.
Soixante et vingt font quatre-vingts. 80.
Quatre-vingts et vingt font cent. . . 100.
Cent et cent font deux cents. . . . . 200.
Deux cents et cent font trois cents. 300.

XXe EXERCICE.

DIVISIONS DU TEMPS, etc.

Le jour a vingt-quatre heures.
L'heure a soixante minutes.
La minute a soixante secondes.
Soixante secondes font une minute.
Soixante minutes font une heure.
Vingt-quatre heures font un jour.

L'année a douze mois qui font trois cent soixante-cinq jours.

Les mois ont les uns trente jours, les autres trente et un jours. Il y a un mois qui a tantôt vingt-huit, tantôt vingt-neuf jours. Ce mois est le second de l'année ; c'est février.

Les mois de trente jours sont : avril, juin, septembre, novembre.

Les mois de trente-un jours sont : janvier, mars, mai, juillet, août, octobre, décembre.

Il y a dix-huit siècles que J.-C. est venu sur la terre. C'est de là que date l'ère chrétienne.

NOTIONS DE GÉOGRAPHIE.

Paris est la capitale de la France.

Il y a en France environ quarante mille communes.

La France est divisée en quatre-vingt-six départements.

Chaque département est divisé en arrondissements, qui sont autant de sous-préfectures ; et chaque arrondissement est partagé en plusieurs cantons.

Chaque canton a un juge de paix.

Chaque commune a un conseil municipal, composé d'un maire, d'un ou plusieurs adjoints, et d'un certain nombre de conseillers.

Chaque arrondissement a un sous-préfet, un tribunal de première instance et un procureur du Roi.

Chaque département a un préfet et un conseil de préfecture.

La France a vingt-sept cours royales, vingt-sept académies (1), vingt divisions militaires, quatre-vingts archevêchés et évêchés.

---

(1) Jusqu'à présent, la Corse est réunie à l'académie d'Aix.

POPULATION
DES PRINCIPALES VILLES DE FRANCE, ET LEUR DISTANCE DE PARIS.

Villes.	Population.	Distance de Paris.
Paris	890431	»
Lyon	145675	119 lieues.
Marseille	115943	208
Bordeaux	93549	147
Rouen	90000	35
Nantes	71739	100
Lille	69860	60
Toulouse	53319	172
Strasbourg	49708	119
Metz	45276	79
Amiens	42032	32
Orléans	40340	31
Nîmes	39068	180
Montpellier	35842	193
Avignon	31180	181
Dijon	23845	78

Un nouveau recensement a été ordonné dans toute la France. Il sera seul authentique pendant cinq ans, à compter du 1er janvier 1832.

XXIe EXERCICE.

MERS.

La mer est divisée en deux grandes parties ou Océans : l'*Océan Atlantique* et le *Grand Océan*.

Le Grand Océan prend différents noms : lorsqu'il baigne les Indes orientales, on l'appelle *Mer des Indes* ou *Océan Indien* : lorsqu'il baigne les pôles, on l'appelle *Océan Glacial*.

La mer, en s'enfonçant dans les terres, forme des mers intérieures. La plus considérable des mers intérieures est la *Méditerranée*, renfermée entre l'Europe, l'Afrique et l'Asie.

On distingue encore la *Mer Baltique*, qui s'étend entre la Suède, la Russie, la Prusse et l'Allemagne.

La *Mer Caspienne*, nommée mer à cause de son étendue, n'est qu'un grand lac. On ne lui connaît pas de communications avec les autres mers.

FLEUVES ET RIVIÈRES.

Du pied des montagnes coulent des *sources*, qui, en se réunissant, forment les *ruisseaux*. La réunion des ruisseaux forme les rivières. Si une *rivière considérable* porte ses eaux dans la mer, on la nomme *fleuve*.

Les fleuves les plus considérables du monde se trouvent en Amérique.

Les principaux sont : dans l'Amérique du nord, la Mackensie et le Saint-Laurent, qui arrosent la Nouvelle-Bretagne; le Mississipi, qui arrose les États-Unis; et dans l'Amérique du sud, l'Amazone, l'Orénoque et la Plata.

Les plus remarquables de l'Europe sont : la Tamise, en Angleterre; le Don et le Wolga, en Russie; le Niémen, en Russie et en Prusse; la Vistule, en Pologne et en Prusse; l'Elbe, qui arrose la Bohême, la Saxe et la Prusse; le Danube, qui traverse toute l'Allemagne de l'ouest à l'est; le Rhin, qui sépare la France et l'Allemagne; la *Seine*, la Loire et la Gironde, en France; le Guadalquivir, en Espagne; et le Tage, en Portugal.

MONTAGNES ET VOLCANS.

Une montagne est une masse considérable de terres et de rochers.

Les principales montagnes de l'Europe sont : les monts Ourals, entre l'Europe et l'Asie ; les Pyrénées, entre la France et l'Espagne ; les Alpes, entre la France et l'Italie ; les Crapacs, en Allemagne ; les Balkans, en Turquie ; les Apennins, qui traversent l'Italie.

Les plus hautes montagnes du monde sont les monts Himalaya ou Thibet, dans l'Asie.

Un volcan est une montagne qui vomit des flammes, de la fumée et des laves ou matières enflammées.

Il y a en Europe trois volcans considérables : le Vésuve, près de Naples ; l'Hécla, en Islande ; l'Etna, en Sicile.

Les volcans soulèvent quelquefois les terres au milieu de la mer, et forment des îles : il s'en est formé une de cette manière dans la Méditerranée, au commencement de 1831.

XXIIe EXERCICE.

CHEMINS DE FER.

Les chemins de fer ont été exécutés pour la première fois en Angleterre, en 1824.

Les chemins de fer ne sont pas des routes pavées en fer; ce sont de simples bandes de fer, nommées *rails*, soutenues de distance en distance par des dés en pierre, et éloignées l'une de l'autre de la largeur des chariots qui font le service.

Ces chariots ont des roues en fer qui, au moyen d'une gorge, s'adaptent exactement sur les rails, et qui roulent avec une facilité surprenante, en sorte qu'un homme seul fait marcher un chariot pesamment chargé, et qu'un cheval traîne huit ou dix de ces chariots attachés ensemble. Ces chariots peuvent aussi être mis en mouvement par des machines à vapeur. Une seule machine fait mouvoir jusqu'à trente chariots chargés chacun de 1000 kilogrammes. Les chemins de fer doivent être disposés sur un terrain aussi horizontal qu'il est possible.

Les trois chemins de fer que nous avons aujourd'hui en France vont de Lyon à Saint-Étienne, de Saint-Étienne à Andrezieux, et d'Andrezieux à Roanne : ils sont destinés surtout à transporter les produits des riches houillères de Saint-Étienne et de Rives-le-Gier, vers le centre et le nord de la France.

LES PONTS DE FER.

Le fer est employé aujourd'hui dans un grand nombre de constructions, et, entre autres, dans celle des ponts. A Paris, il y a quatre ponts en fer, dont les piles sont en pierre de taille.

Les quatre ponts en fer sont celui du Jardin des Plantes, celui d'Arcole, celui des Arts et celui des Invalides.

Après l'incendie de la Halle au Blé, on a remplacé l'ancienne charpente par une coupole de fer fondu, qui est d'une beauté admirable.

La France ne fournit pas assez de fer pour sa consommation, elle en tire de l'étranger pour plusieurs millions chaque année.

XXIIIe EXERCICE.

LES TÉLÉGRAPHES.

On est redevable à Claude Chappe du système des télégraphes adopté aujourd'hui en France.

La correspondance par signaux était connue des plus anciens peuples; mais ce qui distingue nos télégraphes actuels, c'est que les combinaisons dont ils sont susceptibles forment les caractères d'un langage complet, et permettent d'annoncer des nouvelles fort compliquées.

Les avis parviennent de Calais à Paris (68 lieues) en 3 minutes, par 33 télégraphes; de Brest à Paris (144 lieues) en 8 minutes, par 54 télégraphes, etc.

Les signaux sur mer sont au nombre de 34, savoir : 20 pavillons carrés, 4 guidons, 2 pavillons triangulaires et 8 flammes. Ces signaux combinés entre eux donnent 37,000 signes.

LES MÉTAUX.

Parmi les métaux, on distingue le fer, l'or, l'argent, l'étain, le cuivre, le plomb, le mercure, qui sont d'un très-grand usage pour les besoins de la vie.

L'or, l'argent et le cuivre servent à faire la monnaie.

Les pièces de cinq francs, de deux francs, de cinquante centimes et de vingt-cinq centimes sont en argent.

Elles contiennent un dixième de cuivre qu'on appelle *alliage*. Ainsi, sur dix livres de monnaie d'argent, il y a neuf livres d'argent pur et une livre de cuivre.

Sur dix livres de monnaie d'or, il y a neuf livres d'or et une livre de cuivre.

XXIVᵉ EXERCICE.

LE BAROMÈTRE.

Le baromètre se construit de plusieurs manières : il consiste le plus souvent en un tube de verre, long d'un peu plus de deux pieds et demi, fermé en haut, ouvert en bas, qui plonge verticalement au fond d'une petite cuvette à moitié pleine de mercure (ou vif-argent), et dans lequel le mercure s'élève jusqu'à la hauteur de 26 à 29 pouces. Cet instrument est très-précieux; il sert à indiquer le beau et le mauvais temps. Une élévation progressive dans la colonne de mercure est un signe de beau temps; un abaissement graduel au contraire, dans cette colonne, est un signe de pluie. A Paris, toutes les fois que le mercure du baromètre se soutient, pendant quelques jours, à 28 pouces et demi ou au-dessus, le temps est beau, et le beau temps est durable. Si, au contraire, le mercure ne se soutient qu'à 27 pouces et demi ou au-dessous, le temps est pluvieux; à 28 pouces, le temps est variable. Toutes les variations du baromètre, toutes les phases de beau et de mauvais temps qu'il annonce, se lisent sur une échelle gravée en regard de la colonne de mercure.

Il serait très-utile d'avoir dans chaque commune un baromètre exposé à tous les regards; les habitants pourraient le consulter pour prévoir les changements d'état si nombreux et si importants de l'atmosphère, comme ils consultent l'horloge de l'église, pour connaître l'heure du jour.

EMPANSEMENT ou MÉTÉORISATION.

Il est très-dangereux de laisser paître les bœufs, les vaches, les chevaux et les moutons, dans des pièces de luzerne ou de trèfle, surtout le matin, lorsque l'herbe est couverte de rosée. En peu de temps, ces animaux sont atteints d'une maladie qu'on appelle *empansement* ou *météorisation*; ils enflent au point de ne plus pouvoir marcher : bientôt alors ils tombent et périssent. L'on a vu des troupeaux de vaches périr ainsi tout entiers en moins de deux heures.

Mais il est contre cette maladie un remède infaillible dont on ne saurait trop répandre la connaissance : c'est de faire avaler à l'animal un grand verre d'eau auquel on aura mêlé une cuillerée d'ammoniaque, si c'est une vache ou un bœuf; le quart de cette dose suffira pour un mouton. Presque aussitôt que le remède est administré, l'on voit l'animal désenfler.

L'ammoniaque est un liquide dont l'odeur est très-forte, et qui se vend chez tous les pharmaciens. On doit le conserver à la cave dans un flacon bien bouché.

XXVᵉ EXERCICE.

DIVERSES MAXIMES DE CONDUITE.

Il n'y a point de sot métier.

Avec de l'économie et de l'ordre, on fait bonneur à ses affaires.

Si vous voulez être riche, n'apprenez pas seulement comment on gagne, sachez aussi comment on ménage.

Aimer son état est le moyen d'y réussir.

Le mensonge est vil et odieux.

Le temps fuit et ne revient pas.

Le travail est à la fois un devoir et un plaisir.

Un travail opiniâtre vient à bout de tout.

Donner, c'est acquérir ; enseigner, c'est apprendre.

Aimez qu'on vous conseille, et non pas qu'on vous loue.

Aux petits des oiseaux Dieu donne leur pâture,
Et sa bonté s'étend sur toute la nature.

On ne recueille que ce qu'on a semé.

Le jeu et le travail sont tous deux nécessaires à l'enfant.

Ne dis rien d'autrui que tu ne sois prêt à le lui dire en face.

L'homme est plus faible que le lion; mais le lion ne sait pas qu'il est plus fort que l'homme.

On a souvent besoin d'un plus petit que soi.

Mange pour vivre; ne vis pas pour manger.

Tends la main à celui qui tombe; sois l'œil de l'aveugle et le pied du boiteux.

Ne remets pas à demain le bien que tu peux faire aujourd'hui.

Honorer son père et sa mère est le premier devoir d'un enfant.

Il est juste de les honorer; il est doux de les aimer.

Les maîtres représentent les pères et les mères; il est juste aussi de les honorer, de les aimer et de leur obéir.

Les peuples et les rois ont deux souverains: Dieu et la Loi.

CHARTE CONSTITUTIONNELLE.

DROIT PUBLIC DES FRANÇAIS.

Art. 1. Les Français sont égaux devant la loi, quels que soient d'ailleurs leurs titres et leurs rangs.

2. Ils contribuent indistinctement, dans la proportion de leur fortune, aux charges de l'état.

3. Ils sont tous également admissibles aux emplois civils et militaires.

4. Leur liberté individuelle est également garantie, personne ne pouvant être poursuivi ni arrêté que dans les cas prévus par la loi, et dans la forme qu'elle prescrit.

5. Chacun professe sa religion avec une égale liberté, et obtient pour son culte la même protection.

6. Les ministres de la religion catholique, apostolique et romaine, professée par la majorité des Français, et ceux des autres cultes chrétiens, reçoivent des traitements du trésor public.

7. Les Français ont le droit de publier et de faire imprimer leurs opinions, en se conformant aux lois.

La censure ne pourra jamais être rétablie.

8. Toutes les propriétés sont inviolables, sans aucune exception de celles qu'on appelle *nationales*, la loi ne mettant aucune différence entre elles.

9. L'état peut exiger le sacrifice d'une propriété pour cause d'intérêt public légalement constaté, mais avec une indemnité préalable.

10. Toutes recherches des opinions et des votes émis jusqu'à la restauration sont interdites. Le même oubli est commandé aux tribunaux et aux citoyens.

11. La conscription est abolie. Le mode de recrutement de l'armée de terre et de mer est déterminé par une loi.

FORMES DU GOUVERNEMENT DU ROI.

12. La personne du roi est inviolable et sacrée. Ses ministres sont responsables. Au roi seul appartient la puissance exécutive.

13. Le roi est le chef suprême de l'état; il commande les forces de terre et de mer, déclare la guerre, fait les traités de paix, d'alliance et de commerce, nomme à tous les emplois d'administration publique, et fait les réglements et ordonnances nécessaires pour l'exécution des lois, sans pouvoir jamais ni suspendre les lois elles-mêmes ni dispenser de leur exécution.

Toutefois aucune troupe étrangère ne pourra être admise au service de l'état qu'en vertu d'une loi.

14. La puissance législative s'exerce collectivement par le roi, la chambre des pairs et la chambre des députés.

15. La proposition des lois appartient au roi, à la chambre des pairs et à la chambre des députés.

Néanmoins toute loi d'impôt doit d'abord être votée par la chambre des députés.

16. Toute loi doit être discutée et votée librement par la majorité de chacune des deux chambres.

17. Si une proposition de loi a été rejetée par l'un des trois pouvoirs, elle ne pourra être représentée dans la même session.

18. Le roi seul sanctionne et promulgue les lois.

19. La liste civile est fixée, pour toute la durée du règne, par la première législature assemblée depuis l'avènement du roi.

DE LA CHAMBRE DES PAIRS.

20. La chambre des pairs est une portion essentielle de la puissance législative.

21. Elle est convoquée par le roi en même temps que la chambre des députés des départements. La session de l'une commence et finit en même temps que celle de l'autre.

22. Toute assemblée de la chambre des pairs qui serait tenue hors du temps de la session de la chambre des députés est illicite et nulle de plein droit, sauf le seul cas où elle est réunie comme cour de justice, et alors elle ne peut exercer que des fonctions judiciaires.

23. La nomination des pairs de France appartient au roi. Leur nombre est illimité; il peut en varier les dignités, les nommer à vie ou les rendre héréditaires selon sa volonté.

24. Les pairs ont entrée dans la chambre à vingt-cinq ans, et voix délibérative à trente ans seulement.

25. La chambre des pairs est présidée par le chancelier de France, et, en son absence, par un pair nommé par le roi.

26. Les princes du sang sont pairs par droit de naissance; ils siégent immédiatement après le président.

27. Les séances de la chambre des pairs sont publiques comme celles de la chambre des députés.

28. La chambre des pairs connaît des crimes de haute trahison et des attentats à la sûreté de l'état, qui seront définis par la loi.

29. Aucun pair ne peut être arrêté que de l'autorité de la chambre, et jugé que par elle en matière criminelle.

DE LA CHAMBRE DES DÉPUTÉS.

30. La chambre des députés sera composée des députés élus par les colléges électoraux dont l'organisation sera déterminée par des lois.

31. Les députés sont élus pour cinq ans.

32. Aucun député ne peut être admis dans la chambre, s'il n'est âgé de 30 ans et s'il ne réunit les autres conditions déterminées par la loi.

33. Si néanmoins, il ne se trouvait pas dans le département cinquante personnes de l'âge indiqué, payant le cens d'éligibilité déterminé par la loi, leur nombre sera complété par les plus imposés au-dessous du taux de ce cens, et ceux-ci pourront être élus concurremment avec les premiers.

34. Nul n'est électeur s'il a moins de vingt-cinq ans, et s'il ne réunit les autres conditions déterminées par la loi.

35. Les présidents des collèges électoraux sont nommés par les électeurs.

36. La moitié au moins des députés sera choisie parmi les éligibles qui ont leur domicile politique dans le département.

37. Le président de la chambre des députés est élu par elle à l'ouverture de chaque session.

38. Les séances de la chambre sont publiques; mais la demande de cinq membres suffit pour qu'elle se forme en comité secret.

39. La chambre se partage en bureaux pour discuter les projets qui lui ont été présentés de la part du roi.

40. Aucun impôt ne peut être établi ni perçu, s'il n'a été consenti par les deux chambres et sanctionné par le roi.

41. L'impôt foncier n'est consenti que pour un an. Les impositions indirectes peuvent l'être pour plusieurs années.

42. Le roi convoque chaque année les deux chambres : il les proroge, et peut dissoudre celle des députés; mais dans ce cas il doit en convoquer une nouvelle dans le délai de trois mois.

43. Aucune contrainte par corps ne peut être exercée contre un membre de la chambre durant la session, et dans les six semaines qui l'auront précédée ou suivie.

44. Aucun membre de la chambre ne peut, pendant la durée de la session, être poursuivi ni arrêté en matière criminelle, sauf le cas de flagrant délit, qu'après que la chambre a permis sa poursuite.

45. Toute pétition à l'une ou à l'autre des chambres ne peut être faite et présentée que par écrit. La loi interdit d'en apporter en personne et à la barre.

DES MINISTRES.

46. Les ministres peuvent être membres de la chambre des pairs ou de la chambre des députés. Ils ont en outre leur entrée dans l'une ou l'autre chambre, et doivent être entendus quand ils le demandent.

47. La chambre des députés a le droit d'accuser les ministres et de les traduire devant la chambre des pairs, qui seule a celui de les juger.

DE L'ORDRE JUDICIAIRE.

48. Toute justice émane du roi. Elle s'administre en son nom par des juges qu'il nomme et qu'il institue.

49. Les juges nommés par le roi sont inamovibles.

50. Les cours et tribunaux ordinaires actuellement existants sont maintenus. Il n'y sera rien changé qu'en vertu d'une loi.

51. L'institution actuelle des juges de commerce est conservée.

52. La justice de paix est également conservée. Les juges de paix, quoique nommés par le roi, ne sont point inamovibles.

53. Nul ne pourra être distrait de ses juges naturels.

54. Il ne pourra, en conséquence être créé de commissions et de tribunaux extraordinaires, à quelque titre et sous quelque dénomination que ce puisse être.

55. Les débats seront publics en matière criminelle, à moins que cette publicité ne soit dangereuse pour l'ordre et les mœurs, et, dans ce cas, le tribunal le déclare par un jugement.

56. L'institution des jurés est conservée. Les changements qu'une plus longue expérience ferait juger nécessaires, ne peuvent être effectués que par une loi.

57. La peine de la confiscation des biens est abolie, et ne pourra pas être rétablie.

58. Le roi a le droit de faire grâce, et celui de commuer les peines.

59. Le Code civil et les lois actuellement existantes qui ne sont pas contraires à la présente Charte, resteront en vigueur jusqu'à ce qu'il y soit légalement dérogé.

DROITS PARTICULIERS GARANTIS PAR L'ÉTAT.

60. Les militaires en activité de service, les officiers et soldats en retraite, les veuves, les officiers et soldats pensionnés, conserveront leurs grades, honneurs et pensions.

61. La dette publique est garantie. Toute espèce d'engagement pris par l'état avec ses créanciers est inviolable.

62. La noblesse ancienne reprend ses titres; la nouvelle conserve les siens. Le roi fait des nobles à volonté ; mais il ne leur accorde que des rangs et des honneurs, sans aucune exemption des charges et des devoirs de la société.

63. La Légion-d'Honneur est maintenue. Le roi déterminera les réglements intérieurs et la décoration.

64. Les colonies sont régies par des lois particulières.

65. Le roi et ses successeurs jureront à leur avènement, en présence des chambres réunies, d'observer fidèlement la Charte constitutionnelle.

66. La présente Charte et tous les droits qu'elle consacre demeurent confiés au patriotisme et au courage des gardes nationales et de tous les citoyens français.

67. La France reprend ses couleurs. A l'avenir, il ne sera plus porté d'autre cocarde que la cocarde tricolore.

DISPOSITIONS PARTICULIÈRES.

68. Toutes les nominations et créations nouvelles de pairs faites sous le règne du roi Charles X sont déclarées nulles et non avenues.

L'art. 23 de la Charte sera soumis à un nouvel examen dans la session de 1831 (1).

69. Il sera pourvu successivement par des lois séparées, et dans le plus court délai possible, aux objets qui suivent :

1° L'application du jury aux délits de la presse;

2° La responsabilité des ministres et des autres agents du pouvoir;

3° La réélection des députés promus à des fonctions publiques;

4° Le vote annuel du contingent de l'armée;

5° L'organisation de la garde nationale, avec intervention des gardes nationaux dans le choix de leurs officiers;

6° Des dispositions assurant d'une manière légale l'état des officiers de tout grade;

7° Des institutions départementales et municipales fondées sur un système électif;

8° L'instruction publique et la liberté de l'enseignement;

9° L'abolition du double vote et la fixation des conditions électorales et d'éligibilité;

70. Toutes les lois et ordonnances, en ce qu'elles ont de contraire aux dispositions adoptées pour la réforme de la Charte, sont dès à présent et demeurent annulées et abrogées.

SERMENT DU ROI, PRÊTÉ LE 9 AOUT.

« En présence de Dieu et des Chambres, je jure d'observer fidèlement la Charte constitutionnelle, avec les modifications exprimées dans la déclaration; de ne gouverner que par les lois et selon les lois; de faire rendre bonne et exacte justice à chacun selon son droit, et d'agir en toutes choses dans la seule vue de l'intérêt, du bonheur et de la gloire du peuple français. »

---

(1) On donnera dans la prochaine édition le texte des nouvelles dispositions qui auront été adoptées.

XXVI̊ᵉ EXERCICE.
LECTURE DU LATIN.

LE DÉCALOGUE.
(Exode, ch. 20, ℣. 2...17.)

Ego sum Dominus Deus tuus qui eduxi te de terrâ Ægypti, de domo servitutis. Non habebis Deos alienos coram me; non facies tibi sculptile, neque omnem similitudinem quæ est in cœlo desuper et quæ in terrâ deorsum, neque eorum quæ sunt in aquis sub terrâ. Non adorabis ea, neque coles : ego sum Dominus Deus tuus, fortis, zelotes, visitans iniquitatem patrum in filios, in tertiam et quartam generationem eorum qui oderunt me, et faciens misericordiam in millia his qui diligunt me et custodiunt præcepta mea.

Non assumes nomen Domini Dei tui in vanum : nec enim habebit insontem Dominus eum qui assumpserit nomen Domini Dei sui frustra.

Memento ut diem sabbati sanctifices. Sex diebus operaberis et facies omnia opera tua. Septimo autem die, sabbatum Domini Dei tui est: non facies omne opus in eo, tu, et filius tuus, et filia tua, servus tuus et ancilla tua, jumentum tuum et advena qui est intra portas tuas. Sex enim diebus fecit Dominus cœlum et terram et mare et omnia quæ in eis sunt; et requievit in die septimo: idcirco benedixit Dominus diei sabbati et sanctificavit eum.

Honora patrem tuum et matrem tuam; ut sis longævus super terram quam Dominus Deus tuus dabit tibi.

Non occides.

Non mœchaberis.

Non furtum facies.

Non loqueris contra proximum tuum falsum testimonium.

Non concupisces domum proximi tui, nec desiderabis uxorem ejus, non servum, non ancillam, non bovem, non asinum, neque omnia quæ illius sunt.

Oraison Dominicale.

Pater noster qui es in cœlis, sanctificetur nomen tuum : adveniat regnum tuum : fiat voluntas tua, sicut in cœlo et in terra. Panem nostrum quotidianum da nobis hodie, et dimitte nobis debita nostra, sicut et nos dimittimus debitoribus nostris. Et ne nos inducas in tentationem. Sed libera nos à malo. Amen.

Symbole des Apôtres.

Credo in Deum, Patrem omnipotentem, creatorem cœli et terræ, et in Jesum Christum Filium ejus unicum Dominum nostrum, qui conceptus est de Spiritu Sancto, natus ex Maria Virgine, passus sub Pontio Pilato, crucifixus, mortuus et sepultus : descendit ad inferos, tertia die resurrexit à mortuis : ascendit ad cœlos : sedet ad dexteram Dei Patris omnipotentis : indè venturus est judicare vivos et mortuos.

Credo in Spiritum sanctum, sanctam Ecclesiam catholicam, sanctorum communionem, remissionem peccatorum, carnis resurrectionem, vitam æternam. Amen.

FIN.

www.ingramcontent.com/pod-product-compliance
Lightning Source LLC
LaVergne TN
LVHW021717080426
835510LV00010B/1016